एक कप चाय और अन्य कविताएं

तान्या जैन

Copyright © Tanya Jain
All Rights Reserved.

यह पुस्तक मेरे पुत्र श्लोक वर्मा को समर्पित है।

क्रम-सूची

प्रस्तावना

"तस्वीर कल को आज में और आज को कल में जीने का ज़रिया है |"

सभी को एक बार कविता पढ़ने की कोशिश करनी चाहिए।

आपके जीवन को देखने का नजरिया बदल जाएगा।

भूमिका

लेखन अभिव्यक्ति की स्वतंत्रता है।

जब हम लिखते हैं तो हम वास्तविकता से प्रेरित कल्पना की दुनिया खोलते हैं।

एक हिंदी भाषा के वक्ता के रूप में, मेरे विचार हमेशा हिंदी में रहे हैं। अब तक मैंने केवल अंग्रेजी में ही लिखा है। लेकिन जब मैंने सोचना शुरू किया और अपने विचार लिखे, तो मुझे एहसास हुआ कि कविता मेरे लिए कितनी तरल थी।

यह मेरी हिंदी कविताओं की पहली पुस्तक है और मैंने अपने

दैनिक जीवन में अपने आस-पास जो कुछ भी देखा है उसे साझा करने का प्रयास किया है।

जब आप पढ़ेंगे तो आप एक साथ ढेर सारी भावनाएँ महसूस करेंगे और मूर्खतापूर्ण टिप्पणियों पर हँसेंगे भी।

1
एक कप चाय

एक कप चाय की बात ही कुछ और है।

सुबह उठते ही एक कप चाय से खुलती है नींद

और उसी एक कप चाय से बनता है बाथरूम तक जाने का
विचार।

यहां से होती है चाय के पहले कप की शुरुआत

और ये सिलसिला चलता है घंटो और।

एक कप चाय की बात ही कुछ और है।

अखबार के पन्नो को पलटने

और सारी ताजा जानकारी लेने के लिए भी

लग ही जाती है एक कप चाय।

किचन से आ रहे नाशते की खुशबू

और प्लेट पर लग कर आते पोहे के साथ भी

लग ही जाती है एक कप चाय।

एक कप चाय की बात ही कुछ और है।

कचरे वाला भैया, धोभी वाला भैया

या कोई भी रोज़ के काम करने वाले भैया आ जाए घर

तो उनके साथ भी हो जाती है एक कप चाय।

एक और चाय, एक और चाय करते हुए

हो जाती है दोपहर

पर फिर भी लगता है

एक कप चाय और हो ही जाए।

एक कप चाय की बात ही कुछ और है।

जब दिन भर आराम कर के उठे

और शाम ढलती नज़र आए

तब तो एक कप चाय अवश्य हो जाए।

एक कप चाय की बात ही कुछ और है।

दो चार मिलने वाले आ जाए

या यूं ही एकांत में

खुद के विचारो में खोये हुए

अवसर चाहे कुछ भी हो

एक कप चाय और हो ही जाए।

क्योंकि एक कप चाय की बात ही कुछ और है।

2
मठरी

कई आकार और प्रकार में

कई डिजाइन और स्वाद में

गोल, तिकोनि, समतल या टेडी मेडि

सभी पसंद करते है मठरी |

सुबह के नाश्ते में

शाम की चाय के साथ

या फिर यूं ही रसोई में डब्बे टाटोलते हुए

चलते फिरते खायी जाती है मठरी |

कुछ खास अवसरों पर

बड़ी थाली पर सजा कर

कई अतरंगी तरीके से

परोसी जाती है मठरी |

एक भारतीय के लिए

यह वो खाने की चीज है

जिसमें प्यार है दादी नानी का |

आप दुनिया में कहीं भी जाएं

वो घर में तली मठरी का स्वाद

वापस अपने देश खींच ही लाता है |

जब भी हम यात्रा के लिए जाते हैं

कुछ हो ना हो

ये मठरी यात्रा के अंत तक

हमारा साथ निभाती है

और घर से दूर होने के बाद भी

घर के पास होने का एहसास कराती है |

मठरी का डब्बा

याद और स्वाद का पिटारा है

जिस्को खोलते ही

यादों की झड़ी सी लग जाती है |

अब जब भी मठरी खाये

कोई पुरानी याद को ताज़ा ज़रूर कर जाये |

3

तस्वीर

Enter Caption

एक पल को कैद करना

जैसा वह है

या उस समय बनाया गया है |

इस तरह बनाई जाती है एक तस्वीर |

तकनीक का कमाल

और मानव मस्तिष्क की रचनात्मकता

एक तस्वीर को कला बना देता है |

पहले तो किसी खास अवसर को ही

कैमरा द्वारा छायाचित्र में बदला जाता था |

लेकिन आज के युग में

हर गैर महत्वपूर्ण अवसर को भी

बिन बातों ही

छायाचित्र में बदला जा रहा है |

यह सच है बेकार में खींची गई तस्वीरें

बहुत पल बाद खूबसूरत यादें बन जाती है |

लेकिन क्या यह आवश्यक है कि

हर याद खूबसूरत ही होनी चाहिए ?

उन यादों का क्या जिसमे

आपका दिल टूट गया था

या आपकी यात्रा छूट गई |

माता-पिता के साथ आपकी लड़ाई हो गई

या परीक्षा में अनुत्तीर्ण हो गए |

किसी प्रियजन को खो दिया

और तो और एक ऐसा पल

जब आपने जीने की उम्मीद ही खो दी |

कभी सोचा है ?

उन अगणनीय मुद्रित नहीं हुई छवियों का क्या?

तस्वीर कल को आज में

और आज को कल में

जीने का ज़रिया है |

खोए हुए लम्हों को याद करने

और उन्हें फिर से जीने के लिए एक प्रेरणा है |

पीढ़ियों से पीढ़ी तक पारित किया गया

सबसे अमूल्य खजाना

जिसे खरीदा नहीं जा सकता

लेकिन केवल पोषित किया जा सकता है

वह एक तस्वीर है |

हर तरह के पल का निर्माण

आज के लिए नहीं है

वह उन लोगों के लिए किया जाता है

जिनका इस दुनिया में आना अभी बाकी है |

आप कैसे तुलना करेंगे

कौन सा समय बेहतर था ?

शायद सभी समय अच्छे थे

शायद सभी समय खराब थे |

वह एक तस्वीर बनाने लायक था

क्योंकि हर समय अपने आप में अच्छा समय था |

अब अपनी एक तस्वीर चुनें और विचार करें |

4

रविवार

परिवार का दिन

जहां एक सप्ताह का आलस्य

और लंबित कार्य एकत्र होते हैं |

ऐसा होता है रविवार |

नाश्ते में कुछ खास खाने की इच्छा

एकत्रित गपशप करने की आकांक्षा

पंखे की सफाई, अलमारी जमाना जैसे कार्य

या सिर्फ स्नान के बिना सारा दिन बिताना |

ऐसा होता है रविवार |

पिताजी के काम की सूची तैयार रखना

मां के द्वारा व्यंजनों की इच्छाएँ पूरी करना

भाई बहन के साथ मज़ा करना

दादा-दादी से कहानियाँ सुनना |

ऐसा होता है रविवार |

कभी कभी चलचित्र देखने सिनेमा हॉल जाना

बहार खाना खाएं या घर पर ही कुछ मंगवाए

इस पर घंटो चर्चा करना

फ़िर मैगी और चाय से मन भरना

और खूब खिल खिलाकर

बेतुकी बातों पर हसना |

ऐसा होता है रविवार |

सप्ताह की एक छुट्टी

जहां नहीं है कोई तनाव

केवल परिवार के साथ भरपूर

समय बिताना का है अवसर

सप्ताह की नींद पूरी करने का अध्भुत मौका |

ऐसा होता है रविवार |

सराहना करना शुरू करें

क्योंकि भाग्यशाली हैं वे

जिन्हें रविवार मिलता है |

सबसे भाग्यशाली हैं वे

जिन्हें एक परिवार के साथ रविवार मिलता है

क्योंकि ऐसा होता है रविवार |

सबसे भाग्यशाली हैं वे

जिन्हें एक परिवार के साथ रविवार मिलता है

5
चश्मा

चश्मा एक तकनीकी प्रगति है

जिसने दृष्टि को स्पष्ट कर दिया है |

आंख में समस्या अब कोई समस्या नहीं है

चूँकि हमारे पास चश्मे का आविष्कार है |

अगर आप पास नहीं देख सकते हैं

अगर आप दूर नहीं देख सकते हैं

अगर आप बिल्कुल ही नहीं देख सकते हैं

स्थिति जो भी हो

सभी के लिए एक चश्मा है |

नंबर का चश्मा हर कोई पहनता है

लेकिन क्या हर चश्मे के लिए एक नंबर है?

कुछ स्टाइल के लिए चश्मा पहनते हैं

कुछ उपयोग के लिए चश्मा पहनते हैं

कुछ फैशन के लिए चश्मा पहनते हैं

कुछ अपनी आँखों को आराम देने के लिए चश्मा पहनते हैं

कुछ अपनी आँखों को धूप से बचाने के लिए चश्मा पहनते हैं

कुछ लोग घूरने के लिए चश्मा पहनते हैं

किसी न किसी रूप में

हर कोई चश्मा पहनता है |

जब झूठ सच दिखाई देता है

जब काला सफेद दिखाई देता है

जब छोटा बड़ा दिखाई देता है

जब गलत सही दिखाई देता है

तब हर कोई कहता है

वह आप को चश्मा पहना गया |

अब आपको सोचना होगा

आप कौन सा चश्मा पहनना चाहेंगे!

6

चप्पल

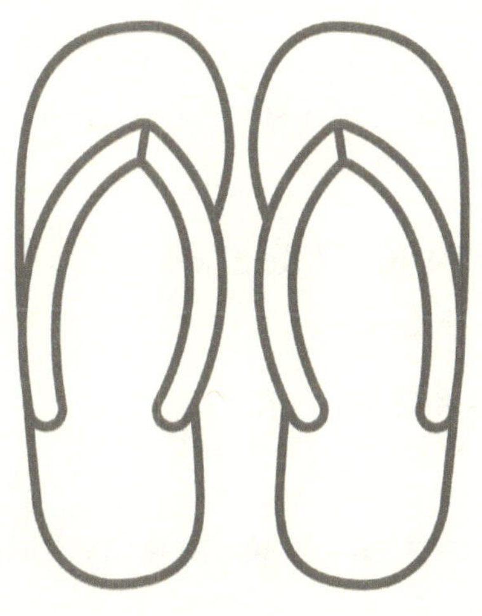

पैरों को फर्श पर रखने के लिए

एक स्थान से दूसरे स्थान की यात्रा करने के लिए

तलवे को साफ रखने के लिए

पुरुष हो या महिला

बच्चा हो या बूढ़ा

सभी को एक जोड़ी चप्पल चाहिए |

यह चप्पल किसी भी ब्रांड का हो सकता है

किसी भी रंग का हो सकता है

लेकिन इसे पहनने वाले के आकार में फिट होना ज़रूरी है |

यह चप्पल ही है

जिसका कोई मतलब नहीं है जब वह अपने आप में है

केवल जब इसे एक जोड़ी में पहना जाता है

तब यह अपने अस्तित्व के उद्देश्य को हल करता है |

हालांकि 'एक' चप्पल

केवल माताएँ ही उपयोग कर सकती हैं

जब वे अपने बच्चों को सही काम करने के लिए डांटती हैं

नहीं तो उन पर एक चप्पल फेंक कर डराने की कोशिश करती हैं |

यह शायद एक मजाक था |

लेकिन उनका क्या जो नंगे पांव रहते हैं!

तप्ती धूप, कीचड़, मिट्टी इत्यादि में भी

बिना चप्पल के सारे काम करते हैं |

कुछ ऐसे भी हैं जिन्होंने संग्रह बनाया है

पूछो किस का?

उत्तर होगा चप्पलों का !

मुनि महाराज बिना कपड़ों के यात्रा कर रहे हैं

गरीब बिना किसी साधन के काम कर रहा है

वंचित लोग पुरानी सामग्री पर काम कर रहे हैं

लेकिन अमीर पैसा बर्बाद कर रहे हैं

क्योंकि उन्हें किस चीज में विविधता चाहिए?

वह है चप्पल |

विरोध हो

तर्क हो

खेल हो

फ़ैशन हो

या फिर अंतिम यात्रा हो

चप्पल महत्वपूर्ण है |

7

सिनेमा

कहानी कहने का एक माधयम

या मनोरंजन का अनुभव

क्या है सिनेमा ?

अभिनेता या अभिनेत्री का नृत्य

अभिनेता या अभिनेत्री का अभिनय

या केवल आधुनिक फैशन की रील?

क्या है सिनेमा ?

परिवार के साथ समय व्यतीत करने का मौका

प्रेमी और प्रेमिका के लिए बिना किसी परेशानी के एक दूसरे
को जानने का मौका

दोस्तों के साथ यादे बनाने का मौका

क्या है सिनेमा ?

देर से पहुँचने का डर

ओपनिंग सीन निकलने का डर

सही सीट मिलने का डर

फोन ना बजने का डर

समय से पॉपकॉर्न आने की टेंशन

उसके साथ पेप्सी लूं या न लूं सोचने का विचार

क्या है सिनेमा ?

वह कौन है?

क्या वह मुझे जानता है?

क्या मैं उसे जानता हूँ?

क्या हम एक दूसरे को जानते हैं?

इन विचारों में अँधेरे में देखते हैं

सभी अजनबी एक साथ

एक सिनेमा जो जीवन को प्रभावित कर सकता है |

फिर सिनेमा क्या है?

चंद घंटे की खुशियाँ

एक बहुत अलग दुनिया

गाने और नृत्य के साथ

आराम के पल कुछ एक साथ

पेप्सी और पॉपकॉर्न खाना

सभी धर्मों और जातियों को भूलाकर

भावनाओं का एक साथ अनुभव करना

यह है सिनेमा |

8

शाम की सैर

सूर्यास्त होने से पहले

जब हलका हलका उजाला हो

झट से जूते पहनकर

और कानों के अंदर इयरफ़ोन लगाकार

फट से निकल जाना चाहिये सैर पर |

चिड़ियों का चहकना

पक्षियों का पकपकाना

कुत्तों का भौंकना

पेड़ों का फड़कना

सड़क पर गड्ढे और ऊन गड्ढों से रास्ता बनाना |

ये शाम की सैर के कुछ अवलोकन हैं |

अनजान लोगो से बात करना

उनको देखना और मुस्कुराना

फिर अपनी राह पर आगे बढ़ते जाना |

किसी के घर को एकटक देखना

फिर सोचना घर में रह रहे लोगो के बारे में

और फिर अपनी जिंदगी के ख्यालो में खो जाना |

ये शाम की सैर के कुछ पल हैं |

आगे बढ़ते जाना

हवा को महसूस करते जाना

पसीना आ जाए तो टपकने देना

अपने ही ख़्यालों में सवाल जवाब करना

और आगे जाते ही जाना |

ये है शाम की सैर |

कुछ किलोमीटर बाद जब

वापस जाने का ख्याल आए

तब एक अलग सी थकान

वही किसी बेंच पर

बैठने का विचार बनवा देती है |

ये शाम की सैर एक दिनचर्या बना देती है |

9

टेलीफ़ोन

शून्य से नौ तक के अंको का खेल

जहाँ सही संख्या के माध्यम से

हो जाये कहीं भी बात |

वह है टेलीफ़ोन |

देश हो या विदेश

मामूली हो या जरूरी

अति आवश्यक हो या नहीं

गप करना हो

सन्देश देना हो

प्रेम प्रसंगयुक्त बातचीत करनी हो

महत्वपूर्ण है टेलीफ़ोन।

समय के साथ

तकनीक में बदलाव से

बात करने के माध्यम

ज़रूर बदल गए

लेकिन बातचीत नहीं बदली है।

इसलिए आज भी अवाश्यक है टेलीफ़ोन।

फ़ोन का ब्रांड चाहे कुछ भी हो

आज के समय में स्मार्टफोन होना जरूरी है।

हैंगआउट करना हो

चैट करना हो

वीडियो कॉल करना हो

सामाजिक मीडिया अद्यतन करना हो

बातों से अधिक कुछ करना हो |

सब के लिए लगता है एक टेलीफ़ोन |

10

बच्चे का रोना

धीमे धीमे कदमो से उसका चल कर आना

और झट से टकरा जाना |

दौडते कदमो से उसका भाग कर आना

और अचानक से भिड जाना |

माँ को हसाता और तड़पता है |

हलकी हलकी हसी से उसका दिल लुभाना

ज़ोर से खिलखिलाकार लुडकजाना|

माँ के दिल को छू जाता है |

ज़िद में रोना

और अगले ही पल शैतानी करना|

माँ को ख़ूब भाता है |

ज़रा से लगी जो उसे तो फूट फूट कर रोना

माँ के मन को ख़ूब तकलीफ़ दे जाता है |

माँ और बच्चे का रिश्ता है यह

जाने अंजाने यूं ही सब मैं अनोखा बन जाता है |

माँ को ख़ूब भाता है |

ज़रा से लगी जो उसे तो फूट फूट कर रोना

अन्य पुस्तकें भी पढ़ें

'द ग्रे स्टोरी'

THE
GREY STORY

Experience. Express. Extend.

TANYA JAIN

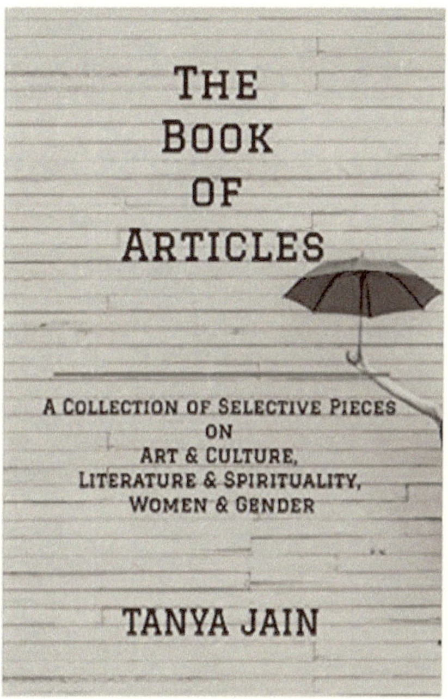

THE
BOOK
OF
ARTICLES

A COLLECTION OF SELECTIVE PIECES
ON
ART & CULTURE,
LITERATURE & SPIRITUALITY,
WOMEN & GENDER

TANYA JAIN

लेखिका के बारे में

तान्या जैन

तान्या जैन एक कवि और लेखिका हैं जो काम और मनोरंजन दोनों के लिए पुस्तकों के साथ संलग्न हैं। वह पहले ही बारह संकलनों में प्रकाशित हो चुकी है। किताबें 'द ग्रे स्टोरी' और 'द बुक ऑफ आर्टिकल्स' उनके द्वारा प्रकाशित अन्य पुस्तकें हैं। वह नियमित रूप से अपने ब्लॉग www.thetanyajain.com पर लिखती हैं।